NATIONAL GEOGRAPHIC

Peldaños

La búsqueda

Lee para descubrir cuál es la búsqueda en este mito.

JASÒN Y EL VELLOCINO DE ORO

RELATO DE
ANNE KASKE

ILUSTRACIONES DE
MARCELO BAEZ

JASÒN

LÍDER DE LA
BÚSQUEDA DEL
VELLOCINO DE ORO

HÈRCULES

MIEMBRO DE LA
TRIPULACIÓN, NOTABLE POR
SU GRAN FUERZA

HERA

DIOSA QUE GUÍA
LA BÚSQUEDA DEL
VELLOCINO DE ORO

REY PELIAS

TÍO DE JASÓN,
GOBERNANTE DE YOLCOS

REY EETES

GOBERNANTE DE LA
CÓLQUIDA, HOGAR DEL
VELLOCINO DE ORO

MEDEA

HIJA DEL REY EETES

VEINTE AÑOS ANTES DE QUE COMENZARA ESTE RELATO, EL MALVADO PELIAS ROBÓ EL TRONO A SU HERMANO, EL LEGÍTIMO REY DE YOLCOS. PELIAS CREÍA QUE TODOS SUS DEMÁS PARIENTES ESTABAN MUERTOS, INCLUSO SU SOBRINO JASÓN. AHORA NADIE PODÍA QUITARLE EL TRONO... ¡O ESO CREÍA EL REY PELIAS!

SIN EMBARGO, EL PRIMER DÍA QUE EL REY PELIAS USÓ LA CORONA, UN **ORÁCULO** LE HIZO UNA PREDICCIÓN NO DESEADA. LE DIJO QUE UN PARIENTE CON UNA SANDALIA TERMINARÍA CON SU VIDA. Y DURANTE LOS VEINTE AÑOS EN LOS QUE PELIAS REINÓ TEMIÓ VER A UN FORASTERO CON UNA SANDALIA.

MAR NEGRO

CÓLQUIDA

LA BÚSQUEDA DE JASÓN COMIENZA Y TERMINA AQUÍ

ROCAS CIANEAS

ISLA DEL REY FINEAS

ISLA DE LAS SIRENAS

YOLCOS

ATAQUE DE ESCILA Y CARIBDIS

MAR MEDITERRÁNEO

EN SU **VIAJE** A YOLCOS, JASÓN SE ENCONTRÓ CON UNA ANCIANA.

FORASTERO, ¿TU VIAJE TE CONDUCE AL OTRO LADO DE ESTE RÍO?

SÍ, DEBO CRUZAR EL RÍO EN MI RUTA A YOLCOS.

¡LOS DIOSES TE HAN ENVIADO PARA QUE ME AYUDES A CRUZAR ESTE PELIGROSO RÍO!

SÚBASE A MI ESPALDA Y SOSTÉNGASE DE MI CUELLO CON FIRMEZA.

LA ANCIANA PARECÍA DÉBIL, PERO SU CUERPO ERA PESADO. JASÓN LUCHÓ CONTRA LA FUERZA DEL AGUA Y EL PESO DE LA MUJER.

JASÓN PUSO UN PIE EN LA COSTA Y SU OTRO PIE SE HUNDIÓ EN EL BARRO ESPESO. SE LE SALIÓ LA SANDALIA DEL PIE CUANDO EMERGIÓ DEL AGUA Y PUSO A LA ANCIANA SOBRE LA TIERRA CON CUIDADO.

JASON SE SORPRENDIÓ CUANDO EL MANTO DE LA ANCIANA CAYÓ AL SUELO Y SE CONVIRTIÓ EN UNA MUJER MÁS JOVEN Y FUERTE.

HAS MOSTRADO AMABILIDAD, UN RASGO MARAVILLOSO PARA UN HÉROE.

SOY LA DIOSA HERA, Y TE PROMETO QUE TE AYUDARÉ A CONVERTIRTE EN UN HÉROE.

DESPUÉS, LA DIOSA HERA SE DESVANECIÓ, ENTONCES JASÓN CONTINUÓ. LAS PIEDRAS LE PINCHABAN EL PIE.

JASÓN LLEGÓ A YOLCOS Y PIDIÓ VER AL REY.

TÍO...

YO NO TENGO PARIENTES.

EL REY PELIAS SE ASUSTÓ CUANDO DESPUÉS DE ESTUDIAR A JASÓN SE DIO CUENTA DE QUE ERA UN PARIENTE... CON UNA SANDALIA.

¿NO ME CONOCES, TÍO? SOY JASÓN, HIJO DE TU HERMANO Y LEGÍTIMO REY DE YOLCOS. AHORA TE ENFRENTO PARA RECLAMAR EL TRONO DE MI PADRE.

SI ERES EL HIJO DE MI HERMANO, ENTONCES PRUEBA QUE ERES UN HÉROE. CAPTURA EL VELLOCINO DE ORO EN LA CÓLQUIDA.

Y CUANDO REGRESE, ¿ME INTERCAMBIARÁS LA CORONA POR EL VELLOCINO DE ORO?

SÍ, SI TIENES ÉXITO EN ESTA BÚSQUEDA, MERECERÁS QUE TE LLAMEN REY.

EL BARCO DE JASÓN, EL *ARGO*, ERA EL BARCO MÁS VELOZ Y RESISTENTE QUE SE HABÍA CONSTRUIDO HASTA ENTONCES.

JASÓN REUNIÓ A 49 HÉROES PARA QUE LO AYUDARAN A NAVEGAR EL *ARGO*. LOS HÉROES INCLUÍAN A ORFEO, UN MÚSICO CUYA MÚSICA ERA COMO LA MAGIA, Y HÉRCULES, EL HÉROE MÁS FUERTE Y MÁS FAMOSO DE LA TIERRA. JASÓN LLAMÓ A SU TRIPULACIÓN "LOS ARGONAUTAS".

MI BÚSQUEDA REQUIERE UNA FUERZA INCREÍBLE, ASÍ ES QUE, HÉRCULES, ¿ME GUIARÁS?

TE OFREZCO MI FUERZA, PERO ES TU BÚSQUEDA JASÓN, ASÍ ES QUE TÚ DEBES SER EL LÍDER.

JASÓN Y SUS ARGONAUTAS PRONTO ESTUVIERON PREPARADOS PARA SU VIAJE, PERO NO SABÍAN EN QUÉ DIRECCIÓN NAVEGAR. ENTONCES, OYERON LA VOZ DE HERA...

LES HABLO DESDE LA PROA DE SU BARCO PARA GUIARLOS EN ESTE VIAJE TRAICIONERO.

HERA, BUSCO EL VELLOCINO DE ORO.

VISITEN AL REY FINEAS PRIMERO, PUES ESTE ES SU MOMENTO DE MAYOR NECESIDAD.

CON LA FUERZA DE LOS ARGONAUTAS Y LA GUÍA DE HERA, EL *ARGO* NAVEGÓ CON FACILIDAD EN EL VASTO OCÉANO.

EN EL MAR, LOS HÉROES REMARON PARA DESPLAZAR EL BARCO A TRAVÉS DE LA ESPUMOSA AGUA. CON EL TIEMPO, TODOS LOS HOMBRES, EXCEPTO JASÓN Y HÉRCULES, SE CANSARON TANTO QUE SE DESMAYARON. SIGUIERON REMANDO, MOVIENDO EL ENORME BARCO A TRAVÉS DE LAS AGUAS.

JASÓN COLAPSÓ Y HÉRCULES REMÓ SOLO CON SUS PODEROSOS BRAZOS, PERO LUEGO SE LE QUEBRÓ EL REMO Y EL *ARGO* AVANZÓ POR EL AGUA HASTA QUE SE DETUVO EN TIERRA, CERCA DE ALLÍ. HÉRCULES FUE A BUSCAR MADERA PARA HACER UN REMO NUEVO PERO, COMO NO REGRESABA, JASÓN SE VIO OBLIGADO A CONTINUAR EL VIAJE SIN ÉL.

DETENTE, JASÓN, ¡PUES TENGO SUFICIENTE FUERZA PARA REMAR SOLO!

FINALMENTE, EL *ARGO* LLEGÓ A UNA ISLA QUE ESTABA GOBERNADA POR EL REY FINEAS, QUE LO INVITÓ A UN GRAN BANQUETE AL AIRE LIBRE.

ANTES DE QUE LOS HOMBRES PUDIERAN PROBAR UN BOCADO, ENORMES CRIATURAS SE ABALANZARON SOBRE ELLOS Y LES ARREBATARON LOS ALIMENTOS CON GARRAS CURVAS Y AFILADAS.

AMIGOS, ¡ENFRENTEMOS A ESTAS CRIATURAS!

¡HARPÍAS! HAN MALDECIDO MI MESA POR DÉCADAS.

JASÓN Y LOS ARGONAUTAS VENCIERON A LAS HARPÍAS, Y LAS ATERRADORAS CRIATURAS SE FUERON VOLANDO MIENTRAS SUS CHILLIDOS HACÍAN ECO EN EL CIELO. EL REY FINEAS Y LOS HOMBRES PUDIERON DISFRUTAR EL RESTO DEL BANQUETE.

TE HEMOS LIBERADO DE LAS HARPÍAS, ASÍ QUE AHORA GUÍANOS HACIA EL VELLOCINO DE ORO.

¡NI LO INTENTEN, PUES LAS ROCAS CIANEAS HAN DESTROZADO MUCHOS BARCOS!

NO TENEMOS MIEDO.

¡LOS VALIENTES TAMBIÉN MUEREN! PERO ME HAN RESCATADO, ASÍ QUE LOS AYUDARÉ. TOMA ESTA PALOMA BLANCA Y SÍGUELA A TRAVÉS DE LAS ROCAS CIANEAS.

JASÓN Y LOS ARGONAUTAS LLEGARON AL PUERTO DE LA CÓLQUIDA, UN REINO SOBRE EL MAR NEGRO Y HOGAR DEL VELLOCINO DE ORO.

EL REY EETES Y SU HIJA, MEDEA, LES DIERON LA BIENVENIDA A LOS HÉROES.

HE VENIDO A BUSCAR EL VELLOCINO DE ORO.

¿CREES QUE TE LO OFRECERÉ GRATUITAMENTE?

MUCHOS HÉROES HAN INTENTADO GANARSE EL VELLOCINO, PERO TODOS HAN FALLADO.

¡PERO SERÁ UN PLACER DARTE UNA OPORTUNIDAD!

ESTOY PREPARADO PARA CUALQUIER DESAFÍO QUE ME OFREZCAN.

MAÑANA AL ATARDECER, DOMA A MIS TOROS Y ÚSALOS PARA ARAR EL CAMPO.

DESPUÉS DE QUE PLANTES ESTOS DIENTES DE DRAGÓN EN EL CAMPO, EL VELLOCINO DE ORO SERÁ TUYO.

Y CUANDO HAYA TERMINADO, ¿ME DARÁS EL VELLOCINO DE ORO?

EL REY EETES LE DIO A JASON LA BOLSA DE DIENTES DE DRAGÓN Y ENVIÓ AL HÉROE Y SU TRIPULACIÓN A DESCANSAR DURANTE LA NOCHE.

HERA SABÍA QUE MEDEA TENÍA PODERES MÁGICOS QUE AYUDARÍAN A JASÓN EN SU BÚSQUEDA, ASÍ QUE LE DIJO A CUPIDO QUE DISPARARA SU FLECHA DORADA A MEDEA. LA FLECHA DORADA HIZO QUE SE ENAMORARA INSTANTÁNEAMENTE DE JASÓN.

AL ATARDECER, MEDEA SE TOPÓ CON JASÓN CUANDO ESTE SE DIRIGÍA AL CAMPO. LE OFRECIÓ AYUDARLO SI SE CASABA CON ELLA Y SE LA LLEVABA DE LA CÓLQUIDA. JASÓN ACEPTÓ HACERLA SU REINA CUANDO REGRESARA A YOLCOS.

¿POR QUÉ?

HAZ COMO TE DIGO.

CÚBRETE LA PIEL CON ESTE LÍQUIDO.

CUANDO JASÓN INTENTÓ DOMAR A LOS TOROS ROJOS, ¡RESOPLABAN FUEGO ROJO!

PERO EL LÍQUIDO MÁGICO DE MEDEA PROTEGÍA A JASÓN DE SU ALIENTO DE FUEGO.

JASÓN COLOCÓ UN ARNÉS A LOS TOROS Y LES ATÓ ARADOS. CAMINÓ DETRÁS DE LOS TOROS DOMADOS Y DEJÓ CAER LOS DIENTES DE DRAGÓN EN EL SUELO.

¡LOS DIENTES DE DRAGÓN CRECIERON RÁPIDAMENTE Y SE CONVIRTIERON EN GUERREROS CON OJOS ENCENDIDOS!

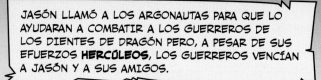

JASÓN LLAMÓ A LOS ARGONAUTAS PARA QUE LO AYUDARAN A COMBATIR A LOS GUERREROS DE LOS DIENTES DE DRAGÓN PERO, A PESAR DE SUS EFUERZOS **HERCÚLEOS**, LOS GUERREROS VENCÍAN A JASÓN Y A SUS AMIGOS.

HERA APARECIÓ JUSTO A TIEMPO Y LE PIDIÓ A JASÓN QUE LANZARA UNA PIEDRA A UNO DE LOS GUERREROS. GOLPEÓ AL GUERRERO DETRÁS DE LA CABEZA.

TU MENTIRA NO EVITÓ MI VICTORIA.

TE RECOMPENSARÉ CON EL VELLOCINO A LA MAÑANA.

EL GUERRERO PENSÓ QUE UNO DE LOS HOMBRES DE SU PROPIO EJÉRCITO HABÍA TIRADO LA PIEDRA, ASÍ QUE ATACÓ A SU COMPAÑERO CON SU ESPADA. LOS GUERREROS SE ATACARON ENTRE SÍ Y NINGUNO SOBREVIVIÓ.

MEDEA NO CONFIABA EN SU PADRE, ASÍ QUE LE PASÓ UNA NOTA A JASÓN EN LA QUE LE PEDÍA QUE SE ENCONTRARA CON ELLA A MEDIANOCHE EN EL JARDÍN DEL VELLOCINO DE ORO.

ANTES DE ENCONTRARSE CON MEDEA EN EL JARDÍN, JASÓN LES PIDIÓ A LOS ARGONAUTAS QUE PREPARARAN EL *ARGO* PARA ZARPAR.

MI PADRE PLANEA MATARTE, ¡ASÍ QUE DEBES OBTENER EL VELLOCINO DE ORO ESTA NOCHE Y PARTIR!

UN DRAGÓN PROTEGE EL VELLOCINO, PERO ESTE POLVO HARÁ QUE EL DRAGÓN SE QUEDE DORMIDO.

MEDEA ESPARCIÓ EL POLVO EN EL AIRE.

12

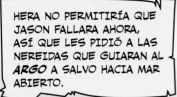

HERA NO PERMITIRÍA QUE JASON FALLARA AHORA, ASÍ QUE LES PIDIÓ A LAS NEREIDAS QUE GUIARAN AL *ARGO* A SALVO HACIA MAR ABIERTO.

FINALMENTE, EL *ARGO* LLEGÓ A YOLCOS, Y TODOS VITOREARON AL HÉROE JASÓN, QUE ALZABA BIEN ALTO EL VELLOCINO DE ORO.

LE DOY EL VELLOCINO DE ORO A MI REINO, Y REGRESO CON MEDEA, QUE SERÁ MI REINA CUANDO ME ENTREGUES LA CORONA.

MAÑANA TE CORONARÁS Y TE CASARÁS.

JASÓN ME HA TRAÍDO UN *TESORO* MAGNÍFICO. LO ASESINARÉ MAÑANA ANTES DE LA BODA Y SEGUIRÉ SIENDO REY POR SIEMPRE.

MEDEA AMABA A JASÓN Y DEBÍA DETENER AL REY PELIAS, ASÍ QUE A LA MAÑANA SIGUIENTE VISITÓ AL MALVADO REY.

REY, SI BEBE ESTO, SERÁ JOVEN DE NUEVO. ENTONCES, JASÓN NO PODRÁ PELEAR CON USTED POR EL TRONO.

¿POR QUÉ ME AYUDARÍAS?

NO AMO A JASÓN. HAZME TU REINA Y MI MAGIA TE PROTEGERÁ DE ÉL.

EL REY PELIAS LE QUITÓ LA BOTELLA A MEDEA, SE LA BEBIÓ TODA Y COLAPSÓ EN EL PISO.

MEDEA, ¿QUÉ SUCEDIÓ?

PELIAS PLANEABA ASESINARTE, COMO ASESINÓ A TU PADRE, ASÍ QUE LE DI UNA PÓCIMA SOMNÍFERA Y AHORA DORMIRÁ PARA SIEMPRE.

Y ASÍ LAS PALABRAS DEL ORÁCULO SE HICIERON REALIDAD: UN PARIENTE CON UNA SANDALIA TERMINÓ CON LA VIDA DEL REY PELIAS.

AL FIN, JASÓN TOMÓ SU LUGAR COMO LEGÍTIMO REY DE YOLCOS CON MEDEA A SU LADO, Y EL VELLOCINO DE ORO BRILLÓ EN SU REINO PARA SIEMPRE.

Compruébalo ¿Qué sucesos llevaron a Jasón a una búsqueda heroica?

Tesoros en sueño

relato de Seddie Emerson
ilustraciones de Annie Wilkinson

Había una vez un hombre que trabajaba todos los días desde el amanecer hasta el anochecer. Su casa estaba deteriorada, pero no tenía dinero para repararla. Su jardín estaba seco, pero no tenía tiempo para regarlo. Estaba tan cansado de trabajar todo el día que solo comía una cena simple y se iba a dormir.

Pero estaba suficientemente contento con su vida. Llenaba su plato con vegetales marchitos de su jardín e higos arrugados de su higuera enclenque. Dormía profundamente en su cama sencilla y el viento silbaba a través de un agujero en la pared.

Una noche, el hombre se quedó dormido con el sonido del viento y tuvo un sueño extraño. A la mañana siguiente sonrió, pues un sueño era algo tonto que no significaba absolutamente nada. Pero una segunda noche soñó exactamente lo mismo. A la mañana siguiente, el hombre sonrió y se dijo de nuevo a sí mismo que un sueño era algo tonto a lo que no había que prestar atención. ¡Pero una tercera noche el hombre soñó exactamente lo mismo! Durante tres noches, el hombre soñó con una mujer de azul que estaba suspendida en el aire sobre él. Le susurró: "Tu **fortuna** está en la ciudad".

"Soñar algo una noche no es nada", se dijo el hombre a sí mismo. "Soñar lo mismo dos noches es extraño. ¡Pero soñar lo mismo tres noches requiere mi atención!".

Así es que el hombre empacó una bolsa de tela con algunas posesiones y las pocas monedas de su alcancía. Entonces comenzó su **viaje** a la ciudad y emprendió la **búsqueda** de su fortuna.

El hombre llegó al mercado en el centro de la ciudad, donde los mercaderes comerciaban especias, sedas y cuentas. Pero el sol pronto se ocultaría y no podía buscar su fortuna en la oscuridad.

"Debo encontrar un lugar para dormir esta noche", se dijo el hombre.

Justo en ese momento, tres ladrones corrieron hacia él. Dos de ellos le sujetaron los brazos mientras el tercero le arrebató la bolsa. Los ladrones se fueron corriendo y el hombre cayó sobre sus rodillas, pues se dio cuenta de que no tenía dinero para alquilar una habitación. Pero observó que cerca había una fuente. La piedra suave junto a la fuente sería un buen lugar para descansar. Se acostó plácidamente en la piedra y cerró los ojos.

La mañana siguiente, el sol le acarició la cara al hombre. Miró hacia arriba y vio a un **oficial** de policía que lo miraba.

—¿Por qué duerme al aire libre? —preguntó el oficial.

—Señor, lo siento —se disculpó el hombre—, pero me robaron anoche y pensé que esta fuente era un buen lugar para descansar.

—Usted no es ciudadano de esta ciudad —rugió el oficial—, así es que dígame: ¿qué asunto lo trae aquí?

—Estoy aquí en busca de mi fortuna —declaró el hombre.

—¿Cómo sabe que su fortuna está en la ciudad? —preguntó el oficial.

—Una mujer de azul me lo dijo en un sueño —explicó el hombre.

El oficial aulló de risa y luego dijo: —¡Nadie sigue sus sueños! De hecho, anoche mismo tuve un sueño. ¡Ya he tenido el mismo sueño tres veces!

El oficial le contó al hombre su sueño. Veía un jardín seco con vegetales marchitos y una higuera enclenque. La voz de una mujer le pidió que fuera a una casa deteriorada en el campo y cavara debajo de la higuera, donde encontraría un **tesoro** grande y sorprendente.

El oficial se rió: —¡No voy a hacer un **viaje** al campo para seguir un sueño tonto!

Como el oficial se burló del hombre por perseguir un sueño, el hombre reflexionó.

"Yo tengo una casa deteriorada", pensó el hombre para sí, "y tengo un jardín seco con una higuera enclenque".

—¡Oh! —exclamó el hombre cuando se dio cuenta de que el tesoro estaba en su propia casa.

—¿Qué? —preguntó el oficial en respuesta al arrebato del hombre.

El hombre miró hacia abajo para esconder su sonrisa y dijo: —Me retiraré.

El oficial le ofreció una moneda al hombre. —Use esto para comprar alimentos para su viaje —le ordenó, y agregó—: Y no vuelva a hablar de sueños.

El hombre compró alimentos con la moneda del oficial y tomó el camino más rápido a su casa. Tomó su pala y comenzó a cavar debajo de la higuera. Continuó cavando de noche hasta que encontró su fortuna.

Ahora el hombre tenía dinero para reparar su casa deteriorada, pero solo usó una pequeña parte de su tesoro y ahorró el resto. Nunca más trabajó tanto, entonces tenía tiempo para ocuparse de su jardín. Pasó sus noches compartiendo vegetales frescos e higos con sus vecinos. Al final de cada día, se quedaba dormido apaciblemente. Estaba suficientemente contento con su vida.

Compruébalo   ¿Cómo llevaron los sueños al pobre hombre a una búsqueda?

GEOCACHING

por Anthony Tibbs

Búsqueda tecnológica del tesoro

Quizá conozcas las búsquedas del **tesoro** que se hacían en el pasado, ¿pero sabías que las búsquedas del tesoro existen en la actualidad? Muchas personas participan en el *geocaching,* un juego de búsqueda con tecnología avanzada. *Geo* significa "Tierra" y *cache* (en inglés) significa "escondite" o "algo que está escondido", por lo tanto, un *geocache* es un tesoro que está escondido afuera. Los *geocachers* usan tecnología para localizar el tesoro. ¡Sigue los pasos de estas páginas para ser un *geochacher* también!

Qué necesitas

- acceso a Internet
- dispositivo GPS o teléfono celular con GPS
- un adulto

Este grupo comienza una aventura de *geocaching* ingresando en el sitio web de *geocaching*.

Paso 1: Entrar en Internet

Comienza la **búsqueda** en Internet. Regístrate en el sitio web de *geocaching* y busca una ubicación de *geocache* cerca de ti. Luego busca sus **coordenadas** en el sitio web. Las coordenadas son un conjunto de números que identifican una ubicación en un mapa o una gráfica. En *geocaching,* las coordenadas son la latitud y la longitud de la ubicación del *geocache.*

Latitud y longitud

Las coordenadas del punto rojo del mapa son 30 grados latitud norte y 90 grados latitud oeste.

La longitud es la distancia al este o al oeste del primer meridiano. Las líneas de longitud son verticales.

La latitud es la distancia al norte o al sur del ecuador. Las líneas de latitud son horizontales.

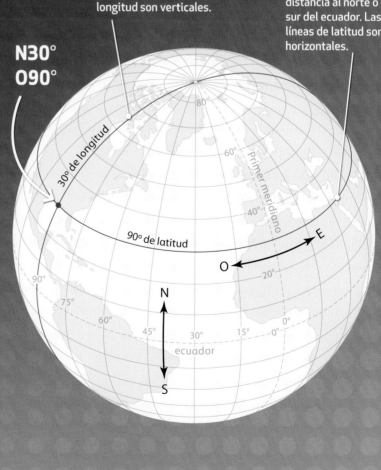

N30°
090°

Paso 2: Llegar allí

Después, ingresa las coordenadas en un dispositivo GPS o un teléfono celular con GPS. Luego, sigue las instrucciones que brinda el dispositivo GPS o el teléfono celular con GPS y camina, pedalea o conduce hasta la ubicación.

Teléfono celular con GPS

Los *geocachers* trabajan en equipo y usan la tecnología para dirigirse a la ubicación de un *geocache*.

Tecnología GPS

GPS quiere decir Sistema de Posicionamiento Global en inglés. Este sistema ayuda a ir de un lugar a otro.

Los satélites que están en el espacio envían señales a un receptor en la Tierra, como un dispositivo GPS. El dispositivo recibe las señales y luego las usa para identificar una ubicación.

El dispositivo GPS da instrucciones para ir al lugar.

Satélite

Receptor

Paso 3: Observar

Seguiste las instrucciones y llegaste a la ubicación del *geocache*, ¡pero tu búsqueda todavía no termina! Esto se debe a que la mayoría de los dispositivos GPS pueden acercarte al tesoro, pero no a su ubicación precisa. Debes usar destrezas de observación, no tecnología, para terminar la búsqueda.

¿Qué buscas? Un *geocache* es un recipiente que puede ser tan pequeño como tu dedo meñique o tan grande como un cesto de basura. Puede estar hábilmente oculto e incluso puede estar camuflado para mimetizarse con el medio ambiente.

Si buscas mucho tiempo sin poder encontrar el *geocache*, regresa al sitio web y lee las pistas.

Paso 4: ¡Abrirlo!

¡Felicitaciones! Ahora que finalmente encontraste el *geocache*, ábrelo y examina el tesoro tan esperado. Si te gusta el tesoro, llévatelo y reemplázalo por un objeto de igual o mayor valor. Si no te gusta, simplemente regrésalo al recipiente.

El equipo encontró el *geocache*. Es un envase a prueba de agua con una tapa hermética.

La mayoría de los recipientes de *geocache* tienen un solo tesoro, pero este tenía muchos.

Quizá encuentres objetos útiles.

Quizá encuentres juguetes y pequeñeces.

Quizá encuentres cosas para ponerte o coleccionar.

Tipos de tesoros

¿Qué tipos de tesoros encontrarás? La mayoría de los recipientes de *geocache* son pequeños, por lo tanto, la mayoría de los tesoros también son pequeños.

Miembros del equipo agregan sus nombres de *geocaching,* la fecha y la hora en el cuaderno de bitácora.

Paso 5: Registrarse

Después, saca el cuaderno de bitácora. Un cuaderno de bitácora es un lugar donde se registra la información sobre un **viaje** o una serie de sucesos. Anota tu nombre de *geocaching,* la fecha y la hora a la que encontraste el *geocache.* Si hay espacio, también puedes anotar los detalles sobre tu experiencia y describir o hacer un dibujo del tesoro. Cuando termines, coloca el *geocache* de vuelta, exactamente donde lo encontraste.

El equipo trabaja para escribir sobre su aventura de *geocaching* en el registro de Internet.

Paso 6: Registrar tu hallazgo

La aventura no termina cuando encuentras el tesoro. *Geocaching* tiene una comunidad activa en Internet, así que el último paso de tu aventura de *geocaching* es volver al sitio web de *geocaching* y escribir en el registro. Puedes contar qué te gustó de la búsqueda y cargar fotos.

Estadísticas de geocaching

GEOCACHING.COM

5 millones

Aproximadamente 5 millones de personas de más de 100 países participan en *geocaching*.

7 continentes

Hay más de 1,300,000 tesoros en el mundo.
Están en los siete continentes. ¡Eso incluye la Antártida!

Mayo de 2000

El primer tesoro se escondió en mayo de 2000.
Fue en el estado de Oregón.

Encontrar un juguete, una pequeñez u otro tesoro no es la razón principal por la que a la mayoría de los participantes les gusta el *geocaching*. El verdadero "tesoro" en *geocaching* es tener una aventura, explorar el exterior y conocer otras personas a las que también les gusta esto.

Compruébalo ¿Cómo puede usarse la tecnología en una búsqueda?

Comenta Comparar y contrastar la búsqueda

1. Compara las razones por las que Jasón y el hombre pobre emprendieron búsquedas. ¿En qué se parecen y en qué se diferencian sus razones?

2. Compara los sucesos de las búsquedas de Jasón y el hombre pobre. ¿En qué se parecen y en qué se diferencian los sucesos?

3. ¿Cómo podría la tecnología moderna, como los dispositivos GPS, haber cambiado la búsqueda de Jasón?

4. ¿En qué se parecen y en qué se diferencian los *geocachers* a los buscadores de tesoros de los otros dos cuentos?

5. Compara y contrasta una búsqueda que hayas hecho o sobre la que hayas oído con una de las lecturas de *La búsqueda*.